지역경제를 살리는 12단계 창업 프로세스

지역경제조직
워크북

지 역 _____

팀 명 _____

성 명 _____

지역경제를 살리는 12단계 창업 프로세스
지역경제조직 워크북

—

인쇄 2021년 10월 5일 1판 1쇄 **발행** 2021년 10월 10일 1판 1쇄

지은이 김지영
펴낸이 강찬석
펴낸곳 도서출판 미세움
주소 (07315) 서울시 영등포구 도신로51길 4
전화 02-703-7507
팩스 02-703-7508
등록 제313-2007-000133호
홈페이지 www.misewoom.com

정가 17,000원

—

ISBN 979-11-88602-42-1   13320

지역 조직 경제 워크북

지역경제를 살리는
12단계 창업 프로세스

김 지 영 지음

지역경제를 활성화하라!

우리나라는 경이로운 발전을 도모하고 변화와 혁신을 위해 많은 지원을 하고 있습니다. 하지만 정부의 지원에도 불구하고 사회적기업가정신과 지역경제, 그리고 창업에 대한 이해 부족과 다소 부정적이고 소극적인 문화가 여전합니다.

수명이 길어진 현대 시대에 창업이란 사람이 살아가는 삶의 이야기를 담고 있다고 해도 과언이 아닙니다. 하지만 창업은 누구에게나 쉽게 체화될 수 있는 개념이 아닙니다. 창업에서 겪게 되는 수많은 변수들은 지혜와 기술을 융합하고 응용해야 하는 독창성을 요구하기 때문입니다. 결국 창업에 따른 변수에 적절히 대처하기란 어렵다는 의미입니다.

우리는 살면서 많은 기회를 만나지만 그 기회를 모두 살려내지는 못합니다. 그런 기회를 쉽게 활용할 수 있는 도구를 접하는 것 또한 어렵습니다. 게다가 많은 변수가 따르는 창업에는 정답도 없습니다. 많은 리스크를 안고 시작해야 하기에 성공률이 낮습니다. 또 창업에 성공하더라도 기업을 안정적으로 성장시키는 일은 또 다른 문제입니다.

창업 성공률을 높이고 기업을 안정 궤도에 안착시키려면 우선 리스크를 최소화하기 위해 체계적인 방법론을 기반으로 변수를 예측해 대처할 수 있어야 합니다.

그동안 창업을 연구하고 교육하면서 이미 경험된 변수에 대처할 도구를 개발했고, 지역경제와 창업에 관심이 모아진 지금, 그 도구가 도움이 될 때가 되었음을 확신합니다.

이 책은 수십 년간 체화된 혁신적인 기업가들의 창업과 경영을 통해 분석되고 정립된 양식과 프로세스로 엮

었습니다.

이 책의 목표는 이웃들과 함께 지역의 가치를 창출하고자 하는 이들과 창업을 꿈꾸는 예비창업가, 기업의 상황을 점검하고자 하는 기업가에게 기업의 정착과 성장의 성공률을 높이는 데 있습니다. 이 책에 사용된 용어들은 창업 생태계에서 만나게 되는 다양한 분야의 사람들과 소통하는 데 효과적일 것입니다.

이 책은 총 12단계 프로세스로 구성되어 있습니다. 먼저 자신의 사업역량을 체크해 미흡한 점을 보완할 수 있도록 〈자가 역량 테스트〉를 마련했습니다. 또 자신의 사업 아이템은 어떤 비즈니스 모델이 적합한지 확인할 수 있어 무엇부터 시작해야 할지 몰라 망설이는 창업자들에게 출발점을 제시하였습니다. 비즈니스 모델에는 사회적 기업, 협동조합, 마을기업, 소셜 벤처 등 사회적 경제조직형, 지역형, 영리형과 비영리형 모두 사용할 수 있는 개발 도구로 구성하였습니다.

한 번에 성공하는 창업은 거의 없습니다. 창업가가 시행착오를 극복하고 노력해야만 결실을 맺을 수 있는 힘겨운 투쟁입니다. 이 워크북은 창업가가 창업에 체계적으로 접근해 성공할 수 있도록 돕고, 실패하더라도 재점검하고 다시 시작하는 시간을 단축할 수 있도록 돕는 지침서가 될 것입니다. 창업가와 기업가 여러분의 성공 파트너가 될 것입니다.

2021년 9월
김지영

일러두기

1. 본 워크북은 《도시재생전문가 육성 표준교재》와 《도시재생 스케일업》을
   참고하여 함께 활용하면 효과가 더 높습니다.

2. 이 워크북은 〈도시재생표준교재〉(2021)를 기반으로 만들어졌습니다.

3. 참고문헌은 본문에 숫자(1)를 붙이고 권말에 밝혔습니다.

4. 저작권 협의를 거치지 못하고 게재한 사진에 대해서는 추후 협의 요청이 있
   을 시 응할 것임을 밝힙니다.

STEP 1 ··· 25
· 문제점 공감하기
· 문제점 정의하기
· 고객 니즈 정의하기
· 아이디어 개발하기
· 프로토타입(1차)

STEP 2 ··· 39
· 판매시장 정립하기
· 지역자원 정의하기

STEP 3 ··· 45
· 수요 예측 경로 만들기
· 페르소나

STEP 4 ··· 53
· 프로토타입(2차)

STEP 5 ··· 59
· 가치 제안 개발
· 가치의 수치화

STEP 6 ··· 67
· 비즈니스 모델 캔버스
· 트리플 레이어드
비즈니스 모델 캔버스
· 공동체 비즈니스
모델 캔버스

공감 조성이 핵심!
지역이 우선!

STEP 12 ··· 117
· 크라우드 펀딩
· 유튜브 운영
· 사업계획서 양식과
내용

STEP 11 ··· 111
· 영업 프로세스 설계

STEP 10 ··· 105
· 사업이익 설계
· 조직 수입과 지출
예산 계획

STEP 9 ··· 99
· 홍보 마케팅 준비

STEP 8 ··· 93
· 제품 콘셉트 구체화
· 비즈니스 모델 도식화

STEP 7 ··· 85
· 미션과 비전 재정립
· 조직의 팀 구성
· 사회적 가치 실천 계획
· SWOT 분석

〈자가 역량 테스트〉는 지역경제조직을 시작하기 전에
본인의 사업 역량을 측정해 보는 방법 중 하나입니다.
테스트를 통해 본인의 역량을 측정해 보면
팀 구성과 사업 구상에 도움이 됩니다.

자가 역량
테스트

자가 역량 테스트

〈자가 역량 테스트〉는 '개인 역량', '팀 역량', '사업 역량'으로 구성되어 있습니다.
각 항목당 답을 1~5점으로 측정하고 주제별로 평균을 내어 자신의 역량을 측정해 봅니다.

- **평균 점수 3점 미만** : 사업역량이 미흡합니다.
  전반적으로 보완이 필요합니다.

- **평균 점수 3점 이상** : 사업역량을 검토한 후 취약한 부분을 보완하고
  진행해 보세요.

〈자가 역량 테스트〉의 항목은 전체가 아닌 일부를 게재한 것이므로 결과에 참고하시길 바랍니다.

자가 역량 테스트[1]
개인 역량

1. 다음은 내가 가진 사회적기업가정신에 관한 사항입니다. 문항별로 점수를 체크하고 평균을 내보세요.

번호	문 항	전혀 그렇지 않다	그렇지 않다	보통 이다	그렇다	매우 그렇다
1	나는 조직의 구성원으로서 공익과 영리에 대한 균형감이 있다.	1	2	3	4	5
2	나는 조직의 구성원으로서 지역사회의 안정, 개발에 기여하고 있다.	1	2	3	4	5
3	나는 개인의 이익과 지역공동체 및 조직구성원의 이익을 동시에 추구하려고 한다.	1	2	3	4	5
4	나는 나의 업무와 관련해 새로운 업무 방법의 개발에 적극적이다.	1	2	3	4	5
5	나는 자원을 획득, 활용함에 있어서 혁신적인 아이디어를 중시한다.	1	2	3	4	5
6	나는 불확실성과 위험에 대한 대응력이 높은 편이다.	1	2	3	4	5
7	나는 안정성보다 높은 성과 창출이 가능한 프로젝트를 선호한다.	1	2	3	4	5
8	나는 새로운 일과 과제에 도전하는 것을 좋아한다.	1	2	3	4	5
9	나는 시작하는 일은 반드시 해낸다는 강한 의지가 있다.	1	2	3	4	5
평 균						점

자가 역량 테스트

2. 다음은 내가 가진 혁신성에 관한 사항입니다. 문항별로 점수를 체크하고 평균을 내보세요.

번호	문 항	전혀 그렇지 않다	그렇지 않다	보통 이다	그렇다	매우 그렇다
	문제해결					
1	나는 조직적이고 해야 할 것이 명확한 일이 좋다.	1	2	3	4	5
2	나는 일을 할 때 규칙과 규정을 엄격하게 지키는 편이다.	1	2	3	4	5
3	나는 문제해결을 위해서 모든 측면을 자세하게 연구해야 한다.	1	2	3	4	5
4	나는 불확실한 것보다는 안전한 업무나 일이 좋다.	1	2	3	4	5
5	나는 일을 할 때 직감을 잘 따르는 편이다.	1	2	3	4	5
6	나는 아무것도 하고 있지 않는 것보다 무엇이라도 찾아서 하는 것을 더 좋아한다.	1	2	3	4	5
7	나는 문제를 해결할 때 세부 분석보다는 직감에 따른 빠른 의사결정을 더 선호한다.	1	2	3	4	5
8	나는 의사결정을 할 때 즉각적인 느낌과 감정에 따르는 편이다.	1	2	3	4	5

자가 역량 테스트
개인 역량

번호	문 항	전혀 그렇지 않다	그렇지 않다	보통 이다	그렇다	매우 그렇다
	혁신행동					
1	나는 외부환경에 변화가 있을 때 그것을 알아내어 그에 따라 적절하게 대응하려고 노력한다.	1	2	3	4	5
2	나는 새로운 방법이나 프로세스에 대한 적응이 빠르다.	1	2	3	4	5
3	나는 일을 할 때 기존의 방식을 따르기보다는 새롭고 개선된 방법으로 해보기를 좋아한다.	1	2	3	4	5
4	나는 각자의 업무에 대하여 문제점을 비난하기보다는 문제를 해결하려고 하는 편이다.	1	2	3	4	5
5	나는 나의 혁신적인 아이디어에 대한 지원을 얻어내려고 노력한다.	1	2	3	4	5
6	나는 팀 활동을 하면서 느끼는 불편한 점을 개선하기 위해 새로운 아이디어를 낸다	1	2	3	4	5
7	나는 학습에 활용할 수 있는 새로운 기술, 도구, 방법 등을 찾아내서 활용하는 편이다.	1	2	3	4	5
8	나는 어려운 문제를 해결하기 위한 새로운 해결책이나 아이디어를 개발하는 편이다.	1	2	3	4	5
9	나는 나의 아이디어에 대하여 팀원들의 공감을 얻어내려고 노력하는 편이다.	1	2	3	4	5

자가 역량 테스트

개인 역량

번호	문 항	전혀 그렇지 않다	그렇지 않다	보통 이다	그렇다	매우 그렇다
10	나는 팀 활동 개선을 위해 문제점과 개선방법에 대해 서로 토론하기를 좋아한다.	1	2	3	4	5
11	나는 문제를 해결하는 독창적 방법을 개발하려고 노력하는 편이다.	1	2	3	4	5
12	나는 학습에 혁신적인 아이디어나 독창적인 방법을 활용하기 위하여 체계적인 계획을 세운다.	1	2	3	4	5
13	나는 문제를 해결하기 위해서 기존의 방식을 따르기보다는 새롭거나 다른 방식으로 시도하는 것을 좋아하는 편이다.	1	2	3	4	5
14	나는 내가 개발한 아이디어가 팀 학습에 유용하게 쓰일 수 있도록 노력한다.	1	2	3	4	5
15	나는 나의 일을 진행하면서 다소 불확실한 부분이 있어도 진행하는 편이다.	1	2	3	4	5
16	나는 개발한 아이디어들이 현실적으로 실행 가능한지를 중요하게 생각한다.	1	2	3	4	5
자기효능감						
1	나는 어떤 일이 맡겨져도 내 능력으로 할 자신이 있다.	1	2	3	4	5
2	나는 무엇을 하든지 그 일을 완성하기 전에 포기하지 않는다.	1	2	3	4	5
3	나는 실패했을 때 좌절하지 않고 더욱 열심히 노력할 수 있다.	1	2	3	4	5

자가 역량 테스트
개인 역량

번호	문 항	전혀 그렇지 않다	그렇지 않다	보통 이다	그렇다	매우 그렇다
4	나는 쉽게 포기하지 않는다.	1	2	3	4	5
5	나는 예기치 못한 문제가 발생해도 해결할 수 있다	1	2	3	4	5
자기주도학습						
1	나는 새로운 것을 배우는 것에 대하여 어려워하지 않는다.	1	2	3	4	5
2	나는 새로운 지식이나 기술을 습득하면서 내가 학습으로 인하여 지식이나 기술 수준이 더 높아진 것을 알 수 있다.	1	2	3	4	5
3	새로운 지식이나 기술을 배우기 위해서 학습 계획을 세울 수 있다.	1	2	3	4	5
4	나의 학습에 도움이 되는 자료나 사람을 잘 찾아내는 편이다.	1	2	3	4	5
5	지금 하는 공부방식이 효과적이지 않으면 방식을 바꾸는 편이다.	1	2	3	4	5
6	배우고 싶은 것을 위해 개인적인 시간을 할애하는 편이다.	1	2	3	4	5
평 균						점

자가 역량 테스트

팀 역량

3. 다음은 내가 가진 팀 역량에 관한 사항입니다. 문항별로 점수를 체크하고 평균을 내보세요.

번호	문 항	전혀 그렇지 않다	그렇지 않다	보통 이다	그렇다	매우 그렇다
팀 구성						
1	우리 조직의 팀원들은 각 파트별로 잘 구성되어 있다.	1	2	3	4	5
2	우리 팀은 수준이 높고 팀 구성원별로 리더십을 발휘하고 있다.	1	2	3	4	5
3	우리 팀원들은 책임감이 강하며 강한 동기부여로 뭉쳐 있다.	1	2	3	4	5
4	우리 팀원들은 서로 코칭을 해주며 돕는다.	1	2	3	4	5
팀 몰입						
1	나는 우리 팀에 높은 충성도를 느낀다.	1	2	3	4	5
2	나는 앞으로도 오랫동안 우리 팀과 함께 일하고 싶다.	1	2	3	4	5
3	나는 우리 팀에 대해 높은 신뢰감을 갖고 있다	1	2	3	4	5
평 균						점

자가 역량 테스트
사업 역량[2]

4. 다음은 내가 가진 사업 역량에 관한 사항입니다. 문항별로 점수를 체크하고 평균을 내보세요.

번호	문 항	전혀 그렇지 않다	그렇지 않다	보통 이다	그렇다	매우 그렇다
	조직의 문제해결					
1	나는 우리 조직이 사업을 통해 다룰 지역 문제와 니즈, 시장의 실패에 대해서 알고 있다.	1	2	3	4	5
2	나는 우리가 추구하는 변화를 알고 있다.	1	2	3	4	5
3	나는 이런 변화를 해결하기 위한 방법을 알고 있다.	1	2	3	4	5
	조직의 개념					
1	나는 우리 고객의 특성과 니즈를 알고 있다.	1	2	3	4	5
2	나는 우리 지역의 특성과 문제점, 필요한 것이 무엇인지를 알고 있다.	1	2	3	4	5
3	나는 우리가 제공하는 제품이나 서비스를 이해하고 있다.	1	2	3	4	5
4	나는 우리 목적에 긍정적이지 않은 사람들과 어떻게 타협할지를 알고 있다.	1	2	3	4	5

자가 역량 테스트
사업 역량

번호	문 항	전혀 그렇지 않다	그렇지 않다	보통 이다	그렇다	매우 그렇다
조직의 전략 설립						
1	나는 조직의 사명과 가치를 구현하고 사업화를 통한 목적달성에 대한 방법론을 이해하고 있다.	1	2	3	4	5
2	나는 조직의 지속가능성을 염두에 두고 전략을 세운다.	1	2	3	4	5
3	나는 조직의 전략수립 시 자원의 활용에 대하여 이해하고 있다.	1	2	3	4	5
4	나는 우리 조직의 사회적 영향력을 어떻게 달성할 수 있을지 전략이 있다.	1	2	3	4	5
5	위의 전략을 관리하기 위한 운영 절충과 위험을 이해하고 있다.	1	2	3	4	5
금융의 이해						
1	나는 우리의 재무 목표가 무엇인지 명확히 이해하고 있다.	1	2	3	4	5
2	나는 우리 조직이 지향하는 환경적 목표가 무엇인지를 이해하고 있다.	1	2	3	4	5
3	나는 조직의 손익분기 조건을 이해하고 있다.	1	2	3	4	5

자가 역량 테스트
사업 역량

번호	문 항	전혀 그렇지 않다	그렇지 않다	보통 이다	그렇다	매우 그렇다
4	나는 창업비용, 운영보조금 또는 이익을 위한 금융조건을 이해하고 있다.	1	2	3	4	5
	시장 및 산업의 이해					
1	나는 우리 거점시장의 기회와 동향을 이해하고 있다.	1	2	3	4	5
2	나는 고객에게 일어날 변화를 예측할 수 있다.	1	2	3	4	5
3	나는 전략적 환경(법률, 경제, 규제) 등에 일어날 변화를 예측할 수 있다.	1	2	3	4	5
4	나는 우리 조직이 개발할 수 있는 특정 틈새시장을 예측할 수 있다.	1	2	3	4	5
5	나는 이 산업에서 성공할 수 있는 사회적 벤치마킹을 알고 있다.	1	2	3	4	5
6	나는 구매자(고객), 진입자(경쟁자) 등 관련자들의 역할을 이해하고 있다.	1	2	3	4	5
7	나는 우리 산업의 장벽을 알고 있다.	1	2	3	4	5

자가 역량 테스트
사업 역량

번호	문 항	전혀 그렇지 않다	그렇지 않다	보통 이다	그렇다	매우 그렇다
	경쟁자의 이해					
1	나는 우리와 유사한 서비스 또는 제품을 제공하는 지역 내 핵심 경쟁자를 알고 있다.	1	2	3	4	5
2	나는 국내 경쟁업체의 수를 대략 알고 있다.	1	2	3	4	5
3	나는 우리 제품이나 서비스가 가진 경쟁자와의 차별점을 제시할 수 있다.	1	2	3	4	5
	비즈니스 모델의 이해					
1	나는 우리의 비즈니스 모델을 설명할 수 있다.	1	2	3	4	5
2	나는 우리의 가치제안을 설명할 수 있다.	1	2	3	4	5
3	나는 우리 제품이나 서비스의 가치에 대해 고객이 지불하는 비용이 적절하다고 생각한다.	1	2	3	4	5
4	나는 조직의 강력한 기능과 전략적 자산이 무엇인지 알고 있다.	1	2	3	4	5
5	나는 우리 파트너가 누구이며, 각 파트너들과 협업하는 내용에 대해 알고 있다.	1	2	3	4	5

자가 역량 테스트
사업 역량

번호	문 항	전혀 그렇지 않다	그렇지 않다	보통 이다	그렇다	매우 그렇다
	운영의 이해					
1	나는 우리 조직의 운영을 위해 지속적으로 요구되는 사항이 무엇인지 알고 있다.	1	2	3	4	5
2	나는 우리 제품이나 서비스에 관련된 기술 요구사항에 대하여 알고 있다.	1	2	3	4	5
3	나는 우리 제품이나 서비스에 대한 재료를 저렴한 비용으로 얻을 수 있는 방법을 알고 있다.	1	2	3	4	5
4	나는 우리 조직에 문제가 발생하면 그 문제를 해결할 수 있는 프로세스와 협업처에 대해 알고 있다.	1	2	3	4	5
5	나는 사업을 실행하하는 데 어떤 인력이 필요한지를 알고 있다.	1	2	3	4	5
평 균						점

비즈니스 모델 결정

나의 사업 아이템은 어떤 유형의 비즈니스 모델 수립이 적합할까?

본 교재에서는 비즈니스 모델을 일반 비즈니스 모델과 지역형·공동체사업화 비즈니스 모델, ESG 비즈니스 모델을 제공하고 있습니다. 나의 사업 아이템(팀)은 어떤 모델인지 확인해 보세요.

나의 아이템은
사회적 문제
해결

나의 팀은
우리 지역의
사회적 문제점을
해결할 수 있다.

Yes

우리 지역의 가치
창출을 우선하고,
수익은 주로 운영에
활용한다.

No

No

나의 팀은
전문경영인이나
창업경력자로
구성되어 있다.

Yes

주로 지역의 문제점을
해결해 수익을
창출한다.
가치창출은 옵션이다.

사회적 경제조직형 소셜 벤처, 사회적기업, 협동조합	일반 비즈니스 모델 캔버스		→ 68쪽
	우리 제품의 차별화 된 환경과 가치를 사회와 투자자에게 보여주고 싶다	ESG 비즈니스 모델 캔버스	→ 72쪽
지역형(자치구) 사회적 협동조합, 마을기업, 협동조합	지역형·공동체사업화 비즈니스 모델 린캔버스		→ 80쪽

"공감 조성이 핵심!
지역이 우선!"

지역의 문제점을 찾아 공감하고, 핵심문제를 정의한 뒤
그 문제를 해결하기 위한 아이디어를 개발해 보세요.

- 문제점 공감하기
- 문제점 정의하기
- 고객 니즈 정의하기
- 아이디어 개발하기
- 프로토타입(1차)

STEP 1

문제점 공감하기(1차)

지역의 문제점을 찾아보고 다른 주민들과 공감하며 추려보기

지역 혹은 동네에서 가장 문제라고 생각되는 다섯 가지를 큰 순서대로 적어보세요.

문제 1	
문제 2	
문제 3	
문제 4	
문제 5	

문제점 공감하기(2차)

지역의 문제점을 찾아보고 다른 주민들과 공감하며 추려보기

앞에서 나온 문제점 중 세 가지를 선별합니다. 각 문제점을 유발시키는 원인을 찾아 큰 순서대로 쓰되 자신 (팀)이 실현할 수 있는 것을 적어보세요.

	문제 1	문제 2	문제 3
Top 1			
Top 1			
Top 1			
Top 1			
Top 1			

문제점 공감하기(3차)

지역의 문제점을 찾아보고 다른 주민들과 공감하며 추려보기

팀별로 선별한 문제점을 최소 20명 이상에게 질문하고 답을 수집합니다(미리 모은 문제점을 주민들도 그렇게 생각하는지, 어느 문제점을 최우선으로 두어야 할지를 조사).

수집 대상: '외부인', '상인', '아이', '40대' 등

질문 예시: '골목길 중 가장 바꾸고 싶은 장소는?', '변경하고 싶은 이유는?', '우선순위를 정한다면?' 등

팀	팀 원	활 동

문제점 정의하기

1차로 선정된 문제점들에 대하여 네 가지 관점(여자, 아이, 어른, 고령자)으로 최소 세 개 이상 정의하기

예시) 1차로 선정된 문제에 다른 관점으로 접근
- 왜 거리는 어두운 걸까? 가게가 이렇게 많은데 누구를 위해 필요한 걸까?
- ○○거리가 바로 옆에 있는데 왜 이 골목길에 또 다른 특색이 생겨야 할까?
- 새로운 특색은 누구를 위한 걸까?
- 왜 이 골목에는 쉼터가 없을까? 이것이 주민의 삶에 어떤 영향을 미칠까? 등

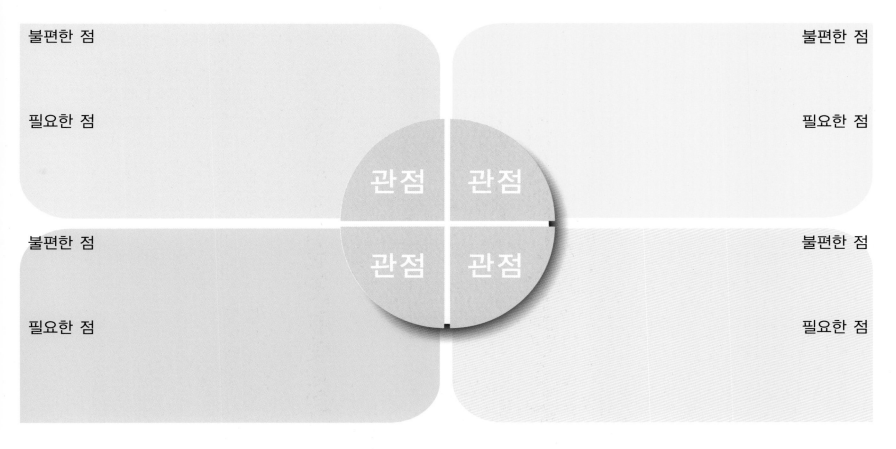

불편한 점

필요한 점

불편한 점

필요한 점

관점 관점

관점 관점

불편한 점

필요한 점

불편한 점

필요한 점

고객 니즈 정의하기

고객이 원하는 해결책 파악하기

우리가 선정한 문제를 해결하기 위해 나온 기존 제품을 알아보고, 불편한 점이나 개선할 점이 있는지 분석해 보세요.

기존 제품이 제안하는
해결방식이나 해결책은?

기존 제품이 제안하는
해결방식이나 해결책은?

기존 제품이 제안하는
해결방식이나 해결책은?

해결방식에
문제점이 있다면?

해결방식에
문제점이 있다면?

해결방식에
문제점이 있다면?

아이디어 개발하기

고객도 모르는 고객의 불편함을 찾고 해결할 수 있는 방법 모색하기

아래에 세 가지 아이디어 개발기법이 있습니다. 내(나의 팀)가 해결하고자 하는 문제점에 맞는 아이디어 개발기법을 선택하여 사용해 보세요.

1	2	3
고객을 관찰함으로써 찾은 고객의 불편함을 해결하는 기법	기존 제품이나 서비스를 관찰함으로써 찾은 고객의 불편함을 해결하는 기법	기존 제품이나 서비스를 관찰함으로써 찾은 문제점과 해결책을 가진 이들을 매칭하는 기법
32쪽	34쪽	35쪽

아이디어 개발하기
정의된 문제점에 대한 해결책 개발하기

1. 고객을 관찰함으로써 찾은 고객의 불편함과 해결방법을 작성해 보세요.

고객도 모르는 고객의 불편함
Top 1
Top 2
Top 3
Top 4
Top 5

해결방법

Top 1	
Top 2	
Top 3	
Top 4	
Top 5	

아이디어 개발하기

정의된 문제점에 대한 해결책 개발하기

2. 기존 제품이나 서비스를 관찰함으로써 찾은 고객의 불편함을 작성해 보세요.

기존 제품 · 서비스의 사용 행태

새로운 방법 적용

새로운 사용자 가치

아이디어 개발하기

정의된 문제점에 대한 해결책 개발하기

3. 기존 제품이나 서비스를 관찰함으로써 찾은 문제점과 해결책을 가진 이들을 매칭해 보세요.

제공되는 서비스

활용할 네트워크나 지역자산

고 객

서비스 제공방법 · 유통

서비스 품질

지불 가능 비용

35

프로토타입(1차)

아이디어를 구체적으로 시각화(스케치)하고 고객들과 공감하기

아이디어를 시각화해 보면 생각의 차이에서 오는 많은 오류를 줄일 수 있습니다.
아이디어가 결합된 해결책을 스케치하고 1차로 고객에게 공감을 얻어보세요(전시 후 스티커 받기 등).

〈아이디어 스케치〉

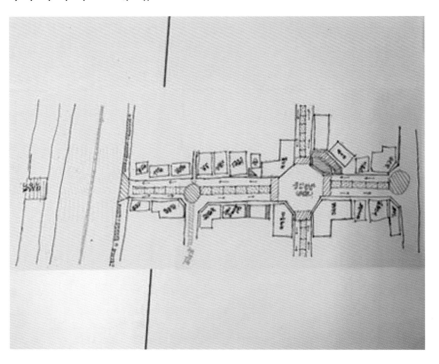

〈고객들의 피드백 받기〉

프로토타입(1차)

아이디어를 구체적으로 시각화(스케치)하고 고객들과 공감하기

아이디어를 스케치(시각화)해 보세요. 그리고 고객에게 피드백을 받아 공감을 얻어보세요.

우리 제품이나 서비스가 우선해서 진입할 시장과 고객,
그리고 지역자원을 찾아보세요.

- 판매시장 정립하기
- 지역자원 정의하기

STEP
2

판매시장 정립하기
우선 진입 시장의 규모 예측하기

우리 제품이나 서비스가 우선해서 진입할 시장을 찾아보고 계획을 수립하는 것이 실현가능성이 높습니다.

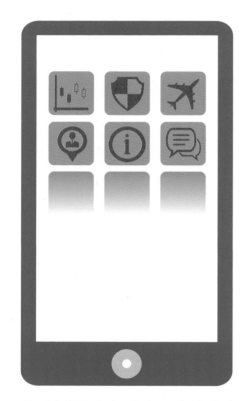

우리 제품이나 서비스와 연관된
시장 규모(대체 가능)

예) 국내 모바일 애플리케이션
    사용자 1만 명

관련 서비스 사용자가 100% 우
리 서비스 사용시 시장규모

예) 모바일 앱 사용자 중 돌봄
    서비스 앱 사용자 1000명

초기 핵심 시장 규모

예) 돌봄 서비스 앱 사용자 중 5
    세 미만 돌봄 사용자 200명

판매시장 정립하기

우선 진입 시장의 규모 예측하기

아래 질문에 답하여 현재 제품이나 서비스의 판매시장을 예측해 보세요.[3]

질 문	답 변
① 목표고객의 지불능력이 충분한가?	
② 목표고객이 판매조직에 쉽게 접근할 수 있는가?	
③ 목표고객이 꼭 구매해야 할 이유는 무엇인가?	
④ 협력업체와 함께 완제품을 당장 출시할 수 있는가?	
⑤ 강력한 경쟁자가 있는가?	
⑥ 선택한 시장을 시작으로 다른 시장으로의 진출이 가능한가?	
⑦ 창업팀의 가치관, 열정, 목표에 부합하는 시장인가?	

지역자원 정의하기(수익과 밀접한 지역자원)
지역과 시너지 가치 찾기

지역자원에는 역사와 환경, 네트워크, 협력사 등이 포함됩니다.

수익과 직결되는 지역의 물리적 · 환경적 · 사회적 자원을 작성해 보세요.

우리 아이템과 가장 밀접한 지역 특성은 무엇인가?	

서비스와 관련 있는 지역자원은 무엇인가?	

지역자원이 주는
시너지 효과는
무엇인가?

지역자원이
우리를 위해
할 수 있는 일은
무엇인가?

이들(지역자원)과
같이 이룰 목표는
무엇인가?

"공감 조성이 핵심!
지역이 우선!"

고객이 우리의 제품이나 서비스를 구매하는 과정을 살펴보고 핵심 잠재고객을 정하고 이들에 대하여 작성해 보세요.

- 수요 예측 경로 만들기
- 페르소나

STEP 3

수요 예측 경로 만들기
수요를 예측할 시나리오 작성하기

아래 질문에 대한 대답을 토대로 고객이 구매하기까지의 경로를 그림으로 그려보세요.
구매 경로를 한눈에 보이도록 그려보면 수요를 예측하는 데 도움이 됩니다.

① 우리 고객은 어떤 상황에서 새로운 제품
   이나 서비스가 필요하다고 생각할까?

② 이들은 필요한 제품정보를 어디서 찾고
   비교할까?

③ 이들은 주로 어디서 필요한 제품을 구매
   하고, 어떤 점을 높게 여겨 그곳에서 구
   매할까? 그것이 제품의 가치일까? 어떤
   형태의 지불방식을 선호할까?

④ 제품을 구매할 때 가장 큰 영향을 미치
   는 핵심인물은 누구일까?

⑤ 우리 고객은 사후 관리나 AS에 대해 중
   요하게 생각할까?

⑥ 이들은 제품을 사용한 후 재구매나 지인
   에게 추천을 할까?

왼쪽 사례의 질문을 참고하여 구매 경로를 그리고 수요를 예측해 보세요.

페르소나

핵심 잠재고객을 확정하기 위한 인터뷰하기

페르소나란 우리 제품이나 서비스를 사용할 만한 사용자 그룹을 대표하는 인물입니다.

이름 : 홍길동
나이 : 36세
직업 : 회사원
취미 : 없음

"다양한 취미 분야를 탐색해 보고 나의 성향, 관심사, 상황에 맞는 취미를 갖고 싶어요."

누가 취미가 뭐냐고 물어보면 딱히 얘기할 게 없는 나. 취미생활을 꾸준히 즐기며 자랑하는 동료들이 부럽지만 뭘 어떻게 시작해야 할지 너무 막막하다. 악기, 그림 등 인터넷도 검색해 본 적이 있지만 알아볼 것도 너무 많고 매번 귀차니즘 때문에 포기하게 된다. 나도 다양한 취미활동들에 직접 참여해 보고 그중 나와 맞는 취미를 찾아 꾸준히 여가시간을 풍요롭게 보내고 싶다.

동 기	상 황	목 표	기 능
새로운 취미 활동을 찾고 싶다	막상 취미활동을 하려고 하면 모임을 어떻게 찾아야 할지 망설여진다	내가 관심 있고 좋아할 만한 수업을 빠르고 편하게 찾고 싶다	"성향, 관심분야 설정" (버킷 리스트)
많은 시간을 들이지 않고 즐길 수 있는 다양한 취미들에 대해 알아보고 싶다	내가 원하는 취미 수업을 찾았지만 막상 가려니 거리가 멀고 교통이 불편해 참여하기 힘들다	내 상황(위치)에 맞춰 쉽게 시작할 수 있는 취미를 알아본다	"지금 바로" (사용자 위치 기반 추천 취미 제공)
기존에 알지 못했던 새로운 분야의 취미 정보를 알고 싶다	추천이 한정적이어서 원하는 결과를 찾기가 어렵다	여러 분야의 취미를 다양하게 탐색한다	"이럴 땐 이런 취미" (주제별 추천 취미 제공)
추천 취미를 제공받고 싶다	추천 정보가 제공되었으나 사용자가 원하는 정보가 아니다	추천 정보에 대해 피드백을 통해 정확도가 높은 정보를 제공받고 싶다	추천 마법사 평가 기능

페르소나를 정하고 프로필을 작성하기 위해 인터뷰를 진행해 보세요.
질문은 최소 세 개 이상 계획하고, 답변은 되도록 구체적으로 작성하세요.

질 문	답 변

페르소나

인터뷰를 하여 핵심 잠재고객을 파악한 후 프로필을 작성해 보세요.

사진	특성(한 줄 요약)
	연령 · 성별 · 직업 · 사는 지역
	경력 · 지위 · 소득 · 학력
성명	가족 · 친구

관심사 · 취미	라이프스타일 · 취향 · 소비성향

성격 · 태도 · 신념 · 목표

현재 가지고 있는 가장 큰 문제점 혹은 잠재적 욕망

페르소나의 달성 목표

우리 제품이나 서비스를 가시화하는 작업을 하고 고객의 피드백을 받아보세요.

- 프로토타입(2차)

STEP
4

프로토타입(2차)

페르소나를 통해 수정한 제품을 시각화하여 피드백을 반복 시행하기

1차 프로토타입을 더 정교하게 스케치하여 완성품과 가깝게 형상화해 보세요.
그것을 고객에게 보이고 피드백 과정을 반복해 기능을 높이도록 합니다.

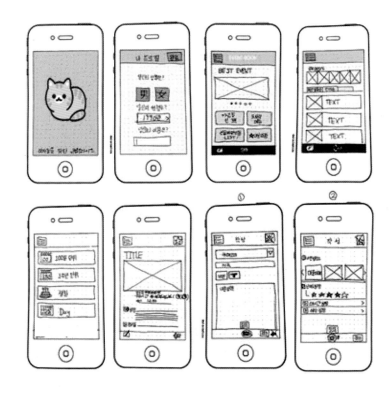

프로토타입은 아이디어를 그림이나 간단한 도구를 사용하여 원리와 아이디어를 보여주고 실현 가능한지를 검토하는 과정입니다.이것을 통해 기능을 추가해 가면서 고객에게 적합한 완성품이 만들어지게 됩니다. 프로토타입은 간단한 스케치, 도화지나 색종이, 장난감, 스토리보드나 카드, 동영상 등 다양한 방법을 이용할 수 있습니다.[4]

완성도 ▲				
높음 아이디어에 최대한 가깝게 표현				
보통 아이디어 표현				
낮음 개념적 표현				
설계환경 ▶	**한정적** 통제된 환경	**일반적** 일반고객 및 일반시장	**부분적** 목표고객 또는 목표시장	**전체** 목표시장의 목표고객

프로토타입(2차)

페르소나를 통해 수정한 제품을 시각화하여 피드백을 반복 시행하기

아래 질문에 답을 해가며 현재 프로토타입을 수정 및 보완해 보세요.

1

우리 아이디어가 어떻게 보일까?
고객의 구매욕구는 일어날까?

2

다른 제품이나 환경과 어떤 식으로
상호작용할 수 있을까?
상호작용을 통해 보다 완전하게 활용
될 수 있을까?

3

사람들이 기존과 다른 우리 아이디어
를 어떻게 느낄까?
거부감 없이 받아들일까?

현재 프로토타입을 수정 및 보완하여 스케치해 보고 페르소나에게 피드백을 받아보세요.[5]

"공감 조성이 핵심!
지역이 우선!"

고객의 피드백을 기반으로 우리 제품이나 서비스의 가치
제안을 구체적으로 개발하고 가치를 수치화해 보세요.

- 가치 제안 개발
- 가치의 수치화

STEP
5

가치 제안 개발
우리 제품을 사용해야 하는 기능적인 이유 찾아보기

1단계 우리 제품 및 서비스의 고객 유형별로 어떤 가치를 제안할 수 있을지 작성해 보세요.

고객 유형*	가치 요소**	제안할 가치

* 고객 유형 : 5세 아이, 20대 여성 등
** 가치 요소 : 고객별 기능적 이익 요소(ex: 가격, 크기 등)

2단계 우리 제품 및 서비스에 곧 미칠 잠재적 위협 요소와 새로운 기회 요소는 무엇인지 작성해 보세요.

환경 요소	위협 요소	새로운 기회 요소
우리 제품이나 서비스가 어떤 새로운 기술로 위협을 받고, 어떤 기회가 새로 생길까요?		
고객의 원츠와 니즈는 어떻게 변화할까요? 그 변화로 인해 어떤 위협 요소와 새로운 기회가 생길까요?		
새로운 경쟁자나 대체자의 경쟁력이 강화된다면 어떻게 강화될까요? 이것이 우리에게 미칠 위협이나 새로운 기회는 무엇일까요?		

3단계 고객 유형별 최종 가치 제안을 작성해 보세요.

고객 유형	
가치 제안	

핵심 가치 요소	보완해야 할 가치 요소	제거해야 할 가치 요소	새롭게 제안할 가치 요소
강점 요소*			
수정된 최종 가치 제안			
핵심 판매 시장 (구체적으로)			

* 강점 요소 : 고객에게 쓰일수록 가치가 증가되는 요소

가치 제안 개발

가치 제안을 광고나 전단지로 만들기

우리의 가치 제안을 광고 이미지나 한 장짜리 전단지로 표현해 보세요.

가치의 수치화[6]

혜택을 수치로 표현하여 고객의 이해와 확신 높이기

우리 팀의 제품이나 서비스가 제공하는 가치를 수치화하여 양식을 작성한 후 고객에게 제시해 보세요.

현재 (기존 제품)	4주 걸림	8일 걸림	2주 걸림: 설계, 제작 재작업	2~3개월: 전통방식	전체 개발기간 총 16주
			70% 단축	70% 단축	총 50% 단축
	아이디어 개발	모델링	시제품 제작	생산(혹은 양산)	
미래 (본사 제품)	프리폼으로 3주 걸림	4일 걸림	3일 걸림: 설계, 제작 재작업	3주 걸림: 디지털화	전체 개발기간 총 8주

현재 (기존 제품)	소의 호흡기 질환 발병 200마리	· 50마리 폐사 · 150마리 치료	손실: 1마리당 997원 치료비: 1마리당 16원 사료비: 1마리당 15원 등급 하락에 따른 손실: 1마리당 58원	손실 합계 63,000원
				마리당 27달러 절약
미래 (본사 제품)	소의 호흡기 질환 발병 150마리	· 25마리 폐사 · 125마리 치료	손실: 1마리당 997원 치료비: 1마리당 16원 사료비: 1마리당 15원 등급 하락에 따른 손실: 1마리당 58원	손실 합계 36,000원

가치의 수치화
혜택을 수치로 표현하여 고객의 이해와 확신 높이기

현재 (기존 제품)				합계

절약

미래 (본사 제품)				합계

우리 제품이나 서비스의 비즈니스 모델을 만들어보
세요.

- 비즈니스 모델 캔버스
- 트리플 레이어드
  비즈니스 모델 캔버스
- 공동체 비즈니스
  모델 캔버스

STEP
6

비즈니스 모델 캔버스

작성 방법

1 · 2

미션*과 **비전****은 측정할 수 있도록 설정하고, 비즈니스 모델의 요소들은 일관성 있게 구성한다.

3

고객 분류 : 미션과 목표로 정의한 고객은 누구인가?(예: 집주인, 투숙객(여행객) 등)

4

가치 제안 : 우리가 고객에게 주는 가치(제품 · 서비스)는 무엇인가?(고객 유형별 가치 제안 작성)
(예: 남는 공간을 활용, 기존 숙박시설보다 저렴한 숙박비 등)

5

유통 채널 : 어떤 유통 채널을 통해 고객에게 전달할 것인가?(예: SNS, 구전, 모바일 앱 등)

6

고객 관계 : 우리 제품을 구매한 고객과의 관계를 어떻게 유지, 발전시킬 것인가?(예: 개별적 서비스, 첫 고객 및 정기고객 유치를 위한 프로모션과 프로그램 제공, 개인별 맞춤 서비스 제공 등)

7

수익 흐름 : 1~4를 통한 수익 발생 항목(예: 임대료, 사용수수료, 판매료 등)

---

* 미션: 조직의 존재 이유

** 비전: 우리가 이루려는 구체적인 단기 · 중장기 목표

8
핵심 자원 : 가치를 만들어내기 위한 우리의 핵심 자원은 무엇인가?(물적 · 기술적 · 인적 자원 포함)
　　　　　(예: 특허받은 기술, 오랜 경력, 플랫폼 보유, 기존 고객 보유 등)

9
핵심 활동 : 고객에게 가치를 제안하기 위해 어떤 활동(비즈니스)을 해야 하는가?
　　　　　(예: 제품 개발 및 관리, 고객 서비스 등)

10
핵심 파트너 : 내가 스스로 만들어낼 수 없는 부분을 채워줄 사업 파트너는 누구인가?
　　　　　(예: 프리랜서 작가, 투자자, 온라인 대행사, 매칭 기관 등)

11
비용 구조 : 5~7에 필요한 비용 항목(예: 초기 기술사용비, 직원급여, 외주비, 보험비, 홍보비 등)

12
사회비용 : 아이템 및 서비스를 제공하기 위하여 사회가 지불해야 하는 비용

13
사회가치 창출 : 제품이나 서비스가 사회에 제공하는 이익

비즈니스 모델: 11캔버스[7]

소셜 벤처 및 사회가치 추구형

1. 미션			2. 목표(비전)	

10. 핵심 파트너	9. 핵심 활동	4. 가치 제안	6. 고객 관계	3. 고객 분류
	8. 핵심 자원		5. 유통 채널	

11. 비용 구조			7. 수익 흐름	
12. 사회비용			13. 사회가치 창출	

비즈니스 모델: 11캔버스
영리형

1. 미션	2. 목표(비전)

10. 핵심 파트너	9. 핵심 활동	4. 가치 제안	6. 고객 관계	3. 고객 분류
	8. 핵심 자원		5. 유통 채널	

11. 비용 구조	7. 수익 흐름

트리플 레이어 비즈니스 모델 캔버스[8]

작성 방법

근래 ESG가 요구되고, 민간투자의 기준도 이를 지향하는 시장 동향을 반영하여 비즈니스 모델을 설계한다. 이것은 다각적 관점을 통합해 혁신을 추구할 수 있도록 도와준다.

이를 위해 사회적 · 환경적 · 경제적 문제를 전체적인 관점으로 일관성 있게 통합할 수 있도록 개발된 도구로 '트리플 레이어 비즈니스 모델 캔버스(Triple Layer Business Model Canvas)'를 사용하는 것도 좋은 방법이다.

9가지 요소가 일관되게 맞물리는지, 사회적 · 환경적 · 경제적 미션과 목표가 일관성을 갖는지 확인할 수 있어 방향을 명확히 설정하는 데 도움이 된다.

- **사회적 계층**(Social layer): 이것을 사용하는 이유는 이해관계자와 조직 간의 상호 영향을 보기 위해 이해관계자 접근 방식으로 비즈니스 모델 캔버스를 확장하는 것이다. 즉, 이해관계자 관리 접근 방식을 기반으로 조직의 사회적 영향을 탐색하는 작업이다. 여기에서 이해관계자(Who)는 일반적인 직원, 주주, 지역사회, 고객 등이 아니다. 조직의 활동에 영향을 줄 수 있거나 영향을 받는 개인 혹은 조직으로 간주된다. 그리고 사회적 수명주기 평가 및 사회적 영향요인이 이해관계자 관점에서 결정된다. 조직의 특정 이해관계자가 상황과 주요 우선순위에 따라 달라질 수 있다는 점을 감안할 때 이해관계 계층은 광범위하고 유연하게 사용된다.

- **환경적 계층**(Environment layer): 조직이 환경에 미치는 영향보다는 더 많은 환경적 이점을 창출하는 방법을 평가하는 것이다. 이것으로 비즈니스 모델 내에서 조직이 가장 크게 영향을 미치는 환경 분야가 무엇인지를 잘 이해할 수 있으며, 환경 지향적인 혁신을 만들 때 조직이 어디에 집중할 수 있는지에 대한 통찰력을 제공한다. 글로벌 기업들은 주로 탄소 영향 측면을 많이 보고 있다.

- **경제적 계층**(Economic layer): 일반적인 비즈니스 모델과 동일하다.

트리플 레이어드 비즈니스 모델 캔버스

사회적 관점 예시: 네스프레소

지역 내 인적 네트워크

62,000명의 농부들

열대우림 동맹과 협력하여 개발된 AAA 지속가능한 농업 프로그램에 참여

조직 구성

조직의 구조 및 의사결정 정책

· 자율사업부
· 의사결정의 투명성

직원

직원수 및 유형, 급여 변동, 성별, 만족성 및 조직 내 교육 등

· 90개 이상의 국적을 가진 직원이 존재하는 긍정적인 직장
· 직원의 70%가 고객과 직접 대면하므로 강력한 고객 관계 형성

사회적 가치 창출

조직의 사명

· 더 맛있고 건강한 식음료 선택을 제공하여 소비자의 삶의 질을 향상시킴
· 커피 농부들과의 상생 관계를 통해 장기적인 가치를 개발함

조직문화

조직이 사회에 잠재적으로 미치는 영향을 보기 위함

· 개별컵 사용으로 개성을 살리는 문화임
· 진행되는 사회적 관행과 프로그램은 사회적 책임에 적극적임

협력자와의 관계 정도

장기적이고 통합적인 관계를 개발하는 아이디어와 지리적으로 영향을 미치는 범위가 포함될 수 있음

· 전 세계 60개국에 320개 이상의 매장
· 공급망을 위한 교육 및 소액 신용 서비스

최종 고객

· 맛과 따뜻한 카페인이 필요한 사람

사회적 영향

조직의 사회적 비용: 경제계층의 재정적 비용과 환경계층의 물리적 영향을 보완하고 확장

부정적 영향
· 잠재적인 카페인 의존성
· 지역 농부들의 참여로 인해 잠재적으로 기존 문화, 농업 및 사회적 관행을 방해하거나 대체

사회적 비용

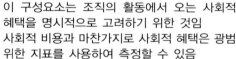

이 구성요소는 조직의 활동에서 오는 사회적 혜택을 명시적으로 고려하기 위한 것임
사회적 비용과 마찬가지로 사회적 혜택은 광범위한 지표를 사용하여 측정할 수 있음

조직 활동의 측면을 창출하는 긍정적인 사회적 가치

· 이해관계자의 삶의 질 향상으로 이어지는 지역사회 참여
· 훈련 프로그램을 통한 농부의 개별 역량 강화

트리플 레이어드 비즈니스 모델 캔버스
사회적 관점

지역 내 인적 네트워크	조직 구성	사회적 가치 창출	조직문화	최종 고객
	직원		협력자와의 관계 정도	

사회적 영향	사회적 비용

트리플 레이어드 비즈니스 모델 캔버스

환경적 관점 예시: 네스프레소

협력업체 혹은 아웃소싱 파트너

· 컵 및 기계 생산업체
· 공정용 에너지 공급업체
· 공정용 물 공급업체

생산활동

원재료나 미완성 재료를 더 나은 가치의 산출물로 변환하는 것 포함

· 캡슐 및 재료 생산 13.3%
· 생산 센터 4.5%

재료들

· 커피 19.9%
· 캡슐 알루미늄

기능적 가치

서비스 성능 또는 조사된 제품 시스템에서 요구하는 정량적 설명임

수명주기 평가의 기능 단위임

· 1일 1회 에스프레소 커피 40ml에 1년 동안의 소비자 양을 곱함

제품 수명주기

고객의 관점에서 기능적 가치가 없어 더 이상 사용하지 않거나 용도 변경, 재활용, 분해, 소각 또는 제품 폐기 주기

· 캡슐 포장기
· 수명 종료 5.5%

유통 채널

· 탄소를 줄이기 위해 기차(4.6%)로 배송
· 판지 상자(3.6%)를 사용함

사용 단계

조직의 기능적 가치 또는 핵심 서비스 또는 고객이 제품에 참여하는 영향력

· 커피의 10.9% 정도의 에너지와 물만이 필요
· 기계와 커피 제조 시 7.8%의 탄소만이 발생
· 가장 많이 배출되는 커피기계 세척 시에도 28% 정도임

환경에 미치는 영향력

사용 전 단계에서 46.6%의 탄소 발생

환경에 미치는 이익

2008년부터 2012년까지 기계 재설계로 탄소 발생 20.7% 절감

트리플 레이어드 비즈니스 모델 캔버스

환경적 관점

협력업체 혹은 아웃소싱 파트너	생산활동	기능적 가치	제품 수명주기	사용 단계
	재료들		유통 채널	

환경에 미치는 영향력	환경에 미치는 이익

트리플 레이어드 비즈니스 모델 캔버스

경제적 관점 예시: 네스프레소

협력체	핵심 활동	가치 제안	고객 관계 형성	고객 분류(유형)
· 커피머신 제조업체들	· 마케팅 · 생산 · 물류운송	· 집에서 즐기는 고급 레스토랑 품질의 에스프레소	· 멤버십 클럽	· 사무실 · 일반 가정

핵심 자원

· 유통 채널
· 특허
· 브랜드 파워
· 생산공장들

유통 채널

· 웹사이트, 메일 오더
· 브랜드 매장
· 콜센터
· 소매상(기계만)

운영 비용

· 마케팅
· 제조비
· 유통

수익 구조

· 주요 수익: 커피 캡슐
· 기타 수익: 커피머신, 액세서리

트리플 레이어드 비즈니스 모델 캔버스

경제적 관점

협력체	핵심 활동	가치 제안	고객 관계 형성	고객 분류(유형)
	핵심 자원		유통 채널	

운영 비용	수익 구조

공동체 비즈니스 모델 캔버스[9]

작성방법

1 (사회적)협동조합, 마을기업은 조직 인원이 5명 이상이므로 그 인원수가 많은 편에 속한다. 이런 취약점을 인지하고 비용구조에서 실무 인건비에 대한 반영이 필요하다.

2 잉여수익을 배당할 수 없는 구조와 한정된 지역 내에서의 경제 활동으로 비용구조에 맞는 적정 수익창출을 위해서는 지역주민만이 아닌 지역사회의 기관과 기업이 고객이자 파트너로 반영되는 것이 고려되어야 한다.

3 조직의 존재 가치는 지역문제 해결을 위한 미션과 목표가 우선이므로 공공성과 경제성의 적절한 가중치와 조직 구성원의 역량을 고려하여 이에 맞는 솔루션을 개발해야 한다.

4 우선순위를 설정한 이후 사회적 문제를 해결하기 위한 경제적 운영을 중심으로 문제의 규명에 초점을 두고 이를 해결하기 위한 채널, 그리고 고객의 세분화를 크게 중요시하지 않으며 비용구조를 우선으로 시작한다.

5 미션과 비전과 비즈니스 모델의 구성요소들은 일관성을 이룰 수 있도록 하며, 측정이 가능하도록 한다.

6 사회적 가치 창출과 경제적 가치 창출의 균형을 결정하고 수익구조를 맞춘다.

비교 항목	(사회적)협동조합과 마을기업	사회적기업과 소셜 벤처
대상	지역주민	전문경영인, 지역주민, 창업기업
중점	지역경제 선순환 생태계 구축	사회적 가치 창출과 이익 창출 동시 추구
고객	고객의 세분화가 중요하지 않음	고객 세분화, 채널, 고객관계 중요
접근 방식	지역 문제점에서 시작, 해결방안 제시, 해결하기 위한 채널, 비용구조와 예상수익	사업의 예상수익원과 재무적 원천을 근간으로 시작
경쟁	지역 내에서의 가치 창출에 대한 경쟁우위를 활용	목표시장에서 우위를 선점하기 위한 양적 및 질적 조건에 대한 가치제안에 집중
구상	지역문제 해결을 중심으로 운영관리 위주의 접근과 자원 확보	사회문제 해결에 대한 이해와 가치제안, 창의성을 활용한 기술, 구조적 분석을 통한 시장경쟁력 확보

공동체 비즈니스 모델 캔버스
지역형 공동체 경제조직: 린(Lean) 캔버스 모델

1 **문제**: 지역의 현실적인 문제점을 도출하되, 조직의 미션 · 비전을 연계하여 설명한다.

2 **고객군**: 한정되므로 세분화보다는 카테고리화한다. 현실을 반영하여 크게 지원기관과 주민으로 구성하고, 각각에 맞는 핵심 메시지 전달방법을 찾는다.

3 **고유의 가치 제안**: 조직의 미션과 비전을 기능적으로 간략하게 표현한다.

4 **해결책**: 현실적인 문제 해결방법으로 제품 혹은 서비스를 명시한다.

5 **채널**: 고객에게 제품이나 서비스의 전달방법과 매출 연결방법으로 지역과 연계하여 지역경제조직과 지원기관 중 도움을 줄 수 있는 방법을 같이 설명한다.

6 **운영 비용**: 사업 운영에 필요한 직접, 간접비용을 설명한다.

7 **수익 구조**: 비용 구조에 맞추어 수익의 발생원과 지속성, 1차 및 2차 수익 발생 프로세스를 다른 요소들과 연계하여 설명한다.

8 **핵심 지표**: 사업의 합리적 · 효율적 운영과 성공을 수치로 제시하며 구체적으로 설명한다.

9 **일방적 경쟁우위**: 지역의 미션과 가치를 연계하여 자사의 제품을 선택하게 만들 특장점을 설명한다.

공동체 비즈니스 모델 캔버스
지역형 공동체 경제조직: 린(Lean) 캔버스 모델

사회적 가치 창출 대 경제적 가치 창출 비율
예) 사회적 협동조합 · 마을기업= 초기 7 : 3 → 중기 6 : 4   협동조합 · 사회적기업 등= 초기 5 : 5 → 중기 4 : 6

문제	해결책	고유의 가치 제안	일방적 경쟁우위	고객군
가장 큰 세 가지 문제	가장 중요한 세 가지 기능	제품을 구입해야 하는 이유와 다른 제품과의 차이점을 설명하는 알기 쉽고 설득력 있는 메시지	다른 제품이 쉽게 흉내낼 수 없는 특징	목표 고객
	4		9	
	핵심 지표		**채널**	
	측정해야 할 활동		고객 도달 경로	
1	8	3	5	2

운영 비용	수익 구조
고객 획득 비용, 유통 비용, 호스팅, 인건비 등	매출 모델, 생애가치, 매출, 매출 총 이익
6	7

공동체 비즈니스 모델 캔버스
지역형 공동체 경제조직: 린(Lean) 캔버스 모델

사회적 가치 창출 대 경제적 가치 창출 비율
예) 사회적 협동조합 · 마을기업= 초기 7 : 3 → 중기 6 : 4   협동조합 · 사회적기업 등= 초기 5 : 5 → 중기 4 : 6

문제	해결책	고유의 가치 제안	일방적 경쟁우위	고객군
	4	9		
	핵심 지표		채널	
1	8	3	5	2
운영 비용		수익 구조		
6		7		

"공감 조성이 핵심!
지역이 우선!"

우리 조직의 미션과 비전을 재정립하고 조직에 대한 구성을 구체화해 보세요.

- 미션과 비전 재정립
- 조직의 팀 구성
- 사회적 가치 실천 계획
- SWOT 분석

STEP 7

미션과 비전 재정립

조직의 미션과 비전을 다시 한 번 점검하고 바로 세우기

미　션

비 전

조직(기업)의 팀 구성

사업 추진에 따른 현재 재직 인원 및 향후 채용계획 기재하기

현재 팀원의 현황 및 역량

순번	직급	성명	주요 담당업무	경력 및 학력 등	채용연월	지원 유무
1						
2						
3						
4						
5						
6						

이후 인력 채용계획

순번	주요 담당업무	요구되는 경력 및 학력 등	채용 시기
1			
2			
3			

사회적 가치 실천 계획

사업 추진과 더불어 진행하는 업무

순번	사회적 가치명	주요 활동	파트너와의 주요 협력사항	비고(진행일자 등)
1				
2				
3				
4				
5				
6				
7				
8				
9				
10				

SWOT 분석 : SO전략을 중점으로
어떻게 하면 우리 조직의 사업을 조화롭게 운영할 것인가

강점 S

우리 기업 · 제품의 강점은 무엇인가?

- 차별화된 핵심 역량
- 자금 조달과 운영
- 창업팀 구성원 역량
- 구매자 · 공급자와의 관계
- 유리한 시장점유율
- 창업자의 경영능력
- 규모의 경제
- 독점적 기술
- 원가 우위
- 안정적인 공급 채널
- 제품 혁신능력
- 경제 우위

약점 W

우리 기업 · 제품의 약점은 무엇인가?

- 협소한 제품군
- R&D 능력 부족
- 낙후된 설비
- 경영 및 관리능력 부족
- 수익성 저하
- 브랜드 이미지 악화
- 낮은 광고 효율
- 마케팅 능력 부족
- 자금 조달의 부족

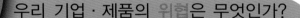

우리 기업 · 제품의 기회는 무엇인가?

- 신시장 · 신고객 집단의 등장
- 높은 경제성장률
- 시장의 빠른 성장
- 새로운 기술 등장
  - 산업의 세계화
  - 소득수준 증대
- 낮은 진입장벽
- 경쟁 기업의 쇠퇴
- 유리한 정치, 정책, 법규, 경제, 사회문화, 기술, 환경, IT, 금융, 환율 등의 변화

우리 기업 · 제품의 위협은 무엇인가?

- 새로운 경쟁 기업의 출현
- 대체재의 판매량 증가
- 시장 성장률의 둔화
- 불리한 정책, 법규, 제도의 변화
- 경기침체
- 구매자 · 공급자의 협상력 증대
- 외국의 무역규제
- 경쟁압력 증가

기회 O

위협 T

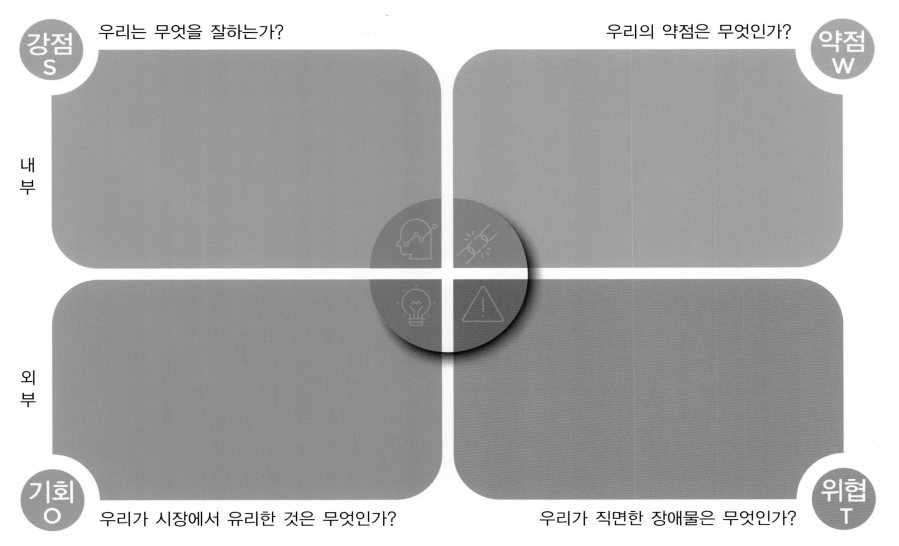

강점
S

우리는 무엇을 잘하는가?

약점
W

우리의 약점은 무엇인가?

내
부

외
부

기회
O

우리가 시장에서 유리한 것은 무엇인가?

위협
T

우리가 직면한 장애물은 무엇인가?

"공감 조성이 핵심!
지역이 우선!"

지금까지 공감받은 내용에 근거하여 팀원과 제품, 고객과의 맞춤 질문을 통해 제품 콘셉트를 구체화하고 비즈니스 모델을 도식화해 보세요.

- 제품 콘셉트 구체화
- 비즈니스 모델 도식화

STEP
8

제품 콘셉트 구체화

팀과 제품, 고객과의 공통점을 도출해 우리 제품의 콘셉트 결정하기

팀원과 제품, 고객과의 맞춤 질문을 통해 제품 콘셉트를 구체화해 보세요.

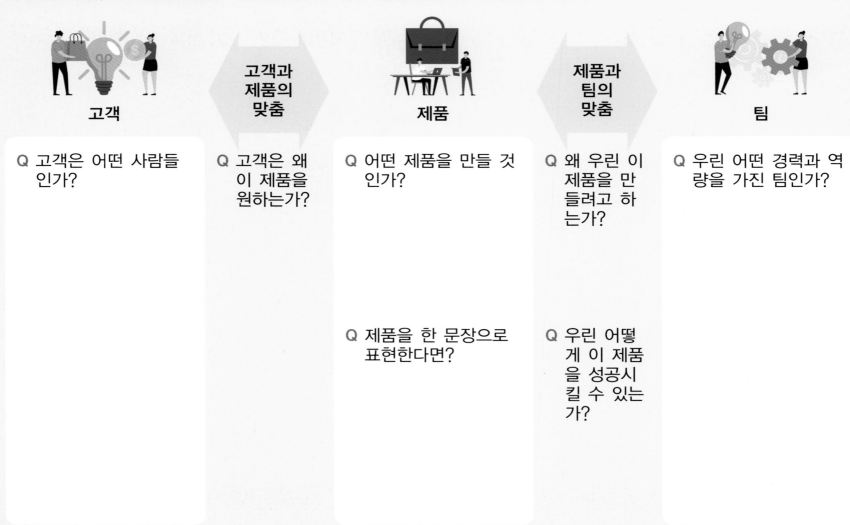

고객

고객과 제품의 맞춤

제품

제품과 팀의 맞춤

팀

Q 고객은 어떤 사람들 인가?

Q 고객은 왜 이 제품을 원하는가?

Q 어떤 제품을 만들 것 인가?

Q 왜 우린 이 제품을 만 들려고 하 는가?

Q 우린 어떤 경력과 역 량을 가진 팀인가?

Q 제품을 한 문장으로 표현한다면?

Q 우린 어떻 게 이 제품 을 성공시 킬 수 있는 가?

제품 콘셉트 구체화
제품을 한 문장으로 표현하기

다음 네 가지 질문의 답을 모아 제품이나 서비스를 한 문장으로 표현해 보세요.

고객들은 우리 제품·서비스를 어떻게 사용하는가?

우리 제품의 가격, 기능, 품질 등은 어떠한가?

제품을 한 문장으로
표현하세요.

우리의 이미지와 제품의 이미지는 어떠한가?

우리 미션과 제품의 차별성은 무엇인가?

비즈니스 모델 도식화

예시:

현재 단계(초기 시장 진입 단계)의 사업방식은 일반 소비자 중심인지, 기관 및 단체 중심인지, 양면시장 플랫폼인지 작성해 보세요.

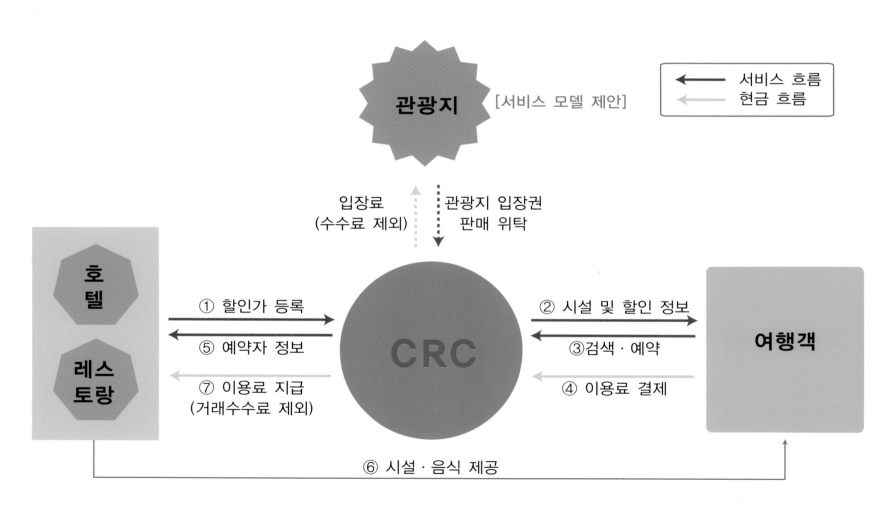

비즈니스 모델 도식화

현재 단계(초기 시장 진입 단계)의 사업방식은 일반 소비자 중심인지, 기관 및 단체 중심인지, 양면시장 플랫폼인지 작성해 보세요.

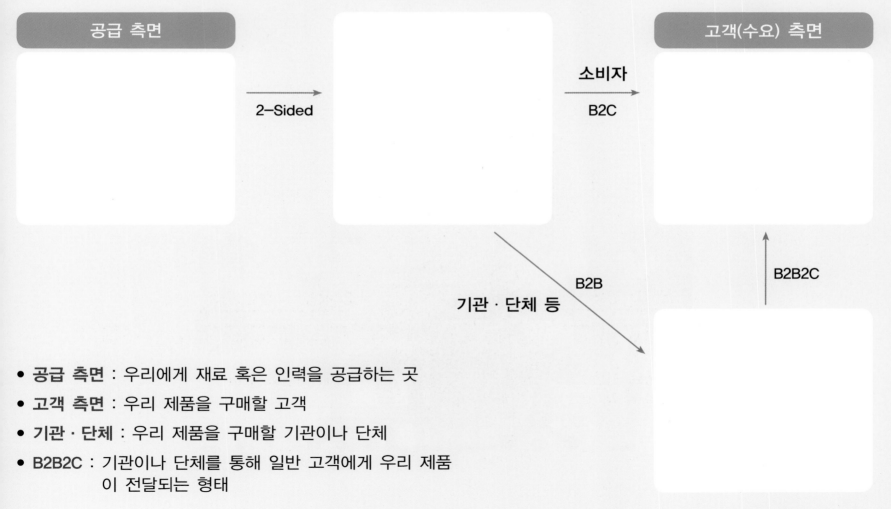

- **공급 측면** : 우리에게 재료 혹은 인력을 공급하는 곳
- **고객 측면** : 우리 제품을 구매할 고객
- **기관 · 단체** : 우리 제품을 구매할 기관이나 단체
- **B2B2C** : 기관이나 단체를 통해 일반 고객에게 우리 제품이 전달되는 형태

"공감 조성이 핵심!
지역이 우선!"

4P전략을 활용하여 가격 체계 및 홍보 마케팅 계획을 세워보세요.

- 홍보 마케팅 준비

STEP
9

홍보 마케팅 준비
마케팅 로드쇼 작성하기

4P전략으로 구성

제품 | Product

일상적인 제품과 마찬가지로 우수한 기술이거
나 서비스 방식일수록 수요자의 선호도가 높아
진다.
우수한 서비스 방식을 발굴하는 데 노력을 집중
하여 신뢰를 얻는 것이 중요하다.

가격 | Price

시장의 사례를 수집하거나 자가 진단을 통해 금
액을 결정한다.

유통 | Place

제품이 고객에게 전달되는 유통 경로(market
channel)는 크게 직접 유통경로와 간접 유통경
로로 구분된다.
유통 전략 설정 시에는 이와 같은 직접 유통방
식, 간접 유통방식 또는 이 둘을 혼합하는 방식
을 결정하도록 한다.
가능한 지역의 자원을 활용하도록 한다.

판매촉진 | Promotion

기업이 마케팅 목표를 달성하기 위하여 기업이
나 제품에 대한 정보를 고객에게 의도적으로 전
달하기 위한 방법을 결정하는 것이다.
광고, 판매촉진, PR, 인적 판매, 직접 마케팅, 박
람회 참가 등이 촉진 전략에 포함된다.
촉진 전략을 수립할 때는 고객이 개인 소비자인
지, 기업 고객인지를 잘 고려하여 결정한다.

구 분	수단 예시		
	제품 및 서비스명	목표 시장	가치 제안
제품 | Product			

	가격 설정 방법	세부 내용
가격 | Price	원가 기반 가격 설정 (원가 + 이윤)	제품의 제작과 유통에 소요되는 단위 원가의 일정액과 일정비율의 이윤을 합하여 가격을 설정
	이익률과 손익분기점 결정	1. 단위가격 계산: 가격=단위비용+[(이익률×투자)/판매량] 2. 손익분기점 결정: 고정비용과 변동비용을 충당하는 판매 수치
	시장가격	주요 경쟁사의 가격에 따라 자사 제품의 가격을 설정
	경매가격	경쟁 입찰 정보에 기반한 가격 설정
	대체재 가격과의 비교	자사의 제품을 대체할 수 있는 주요 대체재의 가격을 고려하여 가격 설정
	가치 기반 가격 설정	고객이 제품에 대해 느끼는 가치에 기반하여 가격 설정 ① 가격 걷어내기, ② 침투 가격, ③ 품위·명성 가격, ④ 낚시 가격, ⑤ 가격 프로모션

구 분	수단 예시		
유통 | Place	직접 유통경로	기업 → 고객	〈인적 · 직접 판매〉 카탈로그, 우편, 전화, 인터넷, TV홈쇼핑 등
	간접 유통경로	기업 → 중간상 → 고객	전시회 참가
	혼합 유통경로	기업 → 고객 기업 → 중간상 → 고객	기업 자체 홈페이지, 포털사이트 광고 등록, 온라인 배너, 모바일 광고 등

구 분		개인고객	기업고객
판매촉진 | Promotion	오프라인	〈광고〉 TV, 라디오, 신문, 잡지, 옥외광고, 전단지 등	〈인적 · 직접 판매〉 카탈로그, 우편, 전화, 인터넷, TV홈쇼핑 등
		〈PR〉 보도자료, 스포츠 경기 스폰서십 등	전시회 참가
	온라인	기업 자체 홈페이지, 포털사이트 광고 등록, 온라인 배너, 모바일 광고 등	기업 자체 홈페이지, 포털사이트 광고 등록, 온라인 배너, 모바일 광고 등

홍보 마케팅 준비
마케팅 로드쇼 작성하기

제품전략, 가격전략, 유통전략, 촉진전략을 작성하고 종합하여 전체 전략을 도출해 보세요.

구 분	진입 초기	진입 중반 이후
제품 Product		
가격 Price		
유통 Place		
판매촉진 Promotion	기관 및 기업 주민 및 그 외	기관 및 기업 주민 및 그 외

"공감 조성이 핵심!
지역이 우선!"

사업의 이익과 고객 획득비용을 계획해 수익 창출 전략을 세워보세요.

- 사업이익 설계
- 조직 수입과
  지출 예산 계획

STEP
10

사업이익 설계[10]

고객의 삶에서 우리 제품에 대한 가치를 수치화하기

고객 생애 가치에 큰 영향을 미치는 변수는 자본의 비중과 고객의 유지율입니다.
자본의 비중이 낮고, 고객의 유지율이 높을수록 고객 생애의 가치값이 높습니다.
이는 사용료와 소모품에 의존하는 비즈니스 모델이 유리한 이유입니다.
미션의 가치나 제품의 가치 제안이 고객에게 인정을 받아 지원금 혹은 투자유치의 비중이 큰 기업이 자본 비중이 낮고 기존 고객 유지율이 높으며, 제품(서비스)이 소모품(수수료)이라면 고객 생애 가치값은 높을 것입니다.

고객 생애 가치 계산법

방법 1	현재가치 = 이익X(1-자본비용)^t	t : 구매시점으로부터 경과한 햇수
방법 2	(M-C) / (1-r+i)	M : 고객 1인당 연간 평균매출 C : 고객 1인당 연간 평균비용 r : 고객유지비율 I : 할인율 AC : 고객 획득비용

단위: 만 원

연간 수입	지원금	구매시점	1년차	2년차	3년차	4년차	5년차
		지원사업명/금액	지원사업명/금액	지원사업명/금액	지원사업명/금액	지원사업명/금액	지원사업명/금액
		마을기업/8,000	마을기업/8,000 주민기술/3,000				
	수익	100,000	18,900	17,660	16,870	15,900	15,000
	총이익	97,000	18,300	17,300	16,370	15,470	14,620
	현재가치	97,000	11,000	6,230	3,530	2,000	1,130
	고객 생애 가치	120,915					

가격(대당)	100
최초 연매출	100,000
이익률	97%
가격인상률	5%
제품수명	5년
고객유지율	90%
자본비용	40%

선지급 비즈니스 모델 가정

사업이익 설계

고객의 삶에서 우리 제품에 대한 가치를 수치화하기

초기	지원금 : 수익 창출	예) 사회적 협동조합 → 7 : 3, 협동조합 · 사회적기업 등 → 5 : 5
중기	지원금 : 수익 창출	예) 사회적 협동조합 → 6 : 4, 협동조합 · 사회적기업 등 → 4 : 6

		구매시점	1년차	2년차	3년차	4년차	5년차
연간 수입	지원금	지원사업명/금액	지원사업명/금액	지원사업명/금액	지원사업명/금액	지원사업명/금액	지원사업명/금액
	수익						
총이익							
현재 가치							
고객 생애 가치							
가격(대당)							
최초 연매출							
이익률							
가격인상률							
제품수명							
고객유지율							
자본비용							

조직 수입과 지출 예산 계획

종합: 재무재표 작성

조합명				업 종			
출자금		만 원					
주 사업유형	[ ]지역사업형 [ ]취약계측 배려형 [ ]위탁사업형 [ ]기타 공익증진형 [ ]혼합형						

수입(단위: 원)			지출(단위: 원)		
구 분	금 액	구성비(%)	구 분	금 액	구성비(%)
주 사업			주 사업		
기타 사업			기타 사업		
사업비 합계			사업비 합계		
사업 외 수입 — 정부지원금			경상비 (판매비와 관리비) — 인건비		
사업 외 수입 — 조합비(자본금)			경상비 (판매비와 관리비) — 운영비 등		
사업 외 수입 — 조합비 이월금 등			경상비 (판매비와 관리비) — 퇴직적립금		
출자비 이월금			사업 외 비용 — 이행보증보험		
			사업 외 비용 — 주민세		
			사업 외 비용 — 등기변경수수료		
			사업 외 비용 — 총 회식비		
			사업 외 비용 — 등본, 인감증명서		
			출자비 반환금		
합 계			합 계		

"공감 조성이 핵심!
지역이 우선!"

고객이 제품을 구매하는 과정을 이해하여 영업 프로세스를 계획해 보세요.

- 영업 프로세스 설계

STEP 11

영업 프로세스 설계[11]

운영비의 규명과 이를 수익으로 연결하기 위한 목표 고객과 프로세스 찾기

〈고객 획득비용 항목〉

- 영업인력, 기술지원인력 수
- 출장비
- 웹사이트 제작 및 유지보수비
- 영업직 인건비
- 접대비
- 자문료 등
- 기술직 인건비
- 행사비

단 기

직접판매(100%) → 대면 영업 필수, 목표시장의 전략적 고객에게 초점, 보통 입소문 마케팅이 진행될 때까지 진행

중 기

직접판매(50%) → 플랫폼을 활용한 기존 고객 유지전략과 추가 판매기회 전략이 중심, 대면 영업은 핵심고객 집단에 집중

독점 계약을 맺은 부가가치 재판매 업체(50%) → 중소규모 고객집단

장 기

직접판매(25%) → 기존 고객관리에 집중, 플랫폼을 통한 콘텐츠 개발이 핵심

독점 계약을 맺은 부가가치 재판매 업체(40%) → 상위 51위 이하, 비주력 시장

인터넷 판매(35%) → 주력 시장의 모든 고객

영업 프로세스 설계: 6개월(단기)

우선 목표시장 영업활동 설계하기

준비 및 진행할 사항

고객의 피드백을 반영하여
수정한 내용은?
이를 위해 필요한 조직의 구성은?

준비 및 진행할 사항

고객의 피드백 반영
주문을 확대하기 위한
활동 회의

Success

준비 및 진행할 사항

회의내용 중 반영할 사항은?
이를 위해 필요한 교육이나
기술은?

고객의 피드백 반영
주문의 받기 위한 활동 회의

재방문객 혹은
신규 고객

고객 유형은?

고객 방문 전 준비사항

준비 및 진행할 사항

고객에게 제공할 정보와 자료는?

제품을 처음 만난 고객들의 반응에 대해
보완 사항은?

Start: 고객

영업 프로세스 설계: 6개월(단기)

우선 목표시장 영업활동 설계하기: 예시

영업 구분	전시회
시 기	3월
영업 전략	일대일 제품 설명
목표 고객	관광객
영업 내용	지역의 특산품을 구매하고 싶어하는 관광객을 대상으로 제품 설명 및 판매 우리 제품만의 특성(차별점) 설명
제공할 자료	제품 브로슈어, 시제품, 설문지(고객 데이터 확보 및 의견 수렴용)
결재 방식	현금 및 카드
재구매 확보	본 제품을 구매할 수 있는 전화번호 제공 택배 혹은 직접 방문으로 진행
기대 효과	제품의 인지도 확산

영업 프로세스 설계: 6개월(단기)
우선 목표시장 영업활동 설계하기

영업 구분	
시 기	
영업 전략	
목표 고객	
영업 내용	
제공할 자료	
결재 방식	
재구매 확보	
기대 효과	

영업 구분	
시 기	
영업 전략	
목표 고객	
영업 내용	
제공할 자료	
결재 방식	
재구매 확보	
기대 효과	

제품의 홍보 마케팅 및 자금조달을 위한 다양한 전략적
방법을 활용해 보세요.

- 크라우드 펀딩
- 유튜브 운영
- 사업계획서 양식과 내용

STEP 12

크라우드 펀딩(필요시)

첫번째 자금 조달

자금을 필요로 하는 수요자가 소셜 네트워크를 활용하여 불특정 다수(Crowd)로부터 직접 자금을 모으는 활동이다.

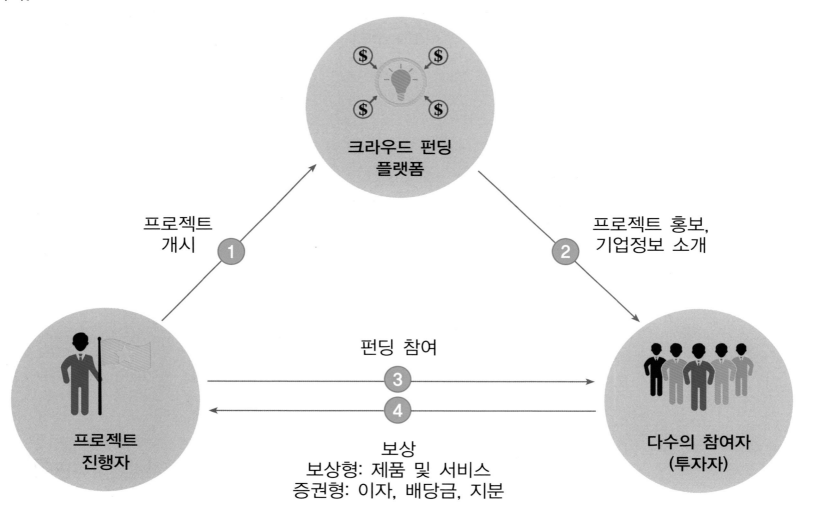

크라우드 펀딩
플랫폼

프로젝트
개시
1

프로젝트 홍보,
기업정보 소개
2

펀딩 참여
3

4

프로젝트
진행자

보상
보상형: 제품 및 서비스
증권형: 이자, 배당금, 지분

다수의 참여자
(투자자)

마케팅

- 프로젝트를 자발적으로 홍보하는 적극 지지층을 확대할 수 있음
- 펀딩 성공으로 언론홍보 효과를 얻을 수 있음

자 금

- 신규 프로젝트 추진 비용 중 일부 자금을 모집할 수 있음
- 예약 구매자를 확보할 수 있음

피드백

- 신규 상품에 대한 시장 반응을 알 수 있음
- 성의 있는 피드백 가능

품이 많이 든다   당당해야 한다   예측하기 어렵다

크라우드 펀딩
첫번째 자금 조달

프로젝트 소개서 작성 1

구 분	프로젝트 개요	예시: 기쁨란
제안자(팀) 이름		도농더하기
제안자(팀) 소개		닭을 풀어서 건강하게 키우는 농부들
프로젝트 제목		병아리에게 희망을! 자연의 순리대로 자랄 권리를 허하라!
모집 목표 금액		500만 원

프로젝트 소개서 작성 2

구 분	프로젝트 개요	예시: 기쁨란
주목하고 있는 문제		공장식 양계
해결 방안 (아이디어)		• 자연방사 양계, 유기농 먹이, 자연순환 농법 • 병아리의 후원자 되기
후원자에게 드릴 선물 (보상)		펀딩금액 34,000원당 기쁨란 20구 + 초란 포함 기쁨란 20구를 제공

유튜브
미디어 전달

구 분	주요 내용			비 고
채널 이름				
채널 카테고리	시사/이슈, 브이로그, 정치/사회, 기타			
채널 주제				
채널 구독자 연령대				
채널 소개 (차별점)				
동일 주제 상위 유튜버				
최고 조회수 영상 내용	1	2	3	
위 영상의 장점 및 단점				
업로드 주기	주 ( )회	업로드 일시	요일 시	
촬영 일정		편집 일정		
최종 목표				

주요 콘텐츠

사업계획서 양식과 내용

예시

항목	세부 항목
□ 일반 현황	– 기본정보: 대표자, 아이템명 등 일반 현황 및 제품(서비스) 개요 – 세부정보: 신청분야, 기술분야, 신청자 세부정보 기재
□ 창업 아이템 개요(요약)	– 창업 아이템 소개, 차별성, 개발경과, 국내외 목표시장, 창업 아이템 이미지 등을 요약하여 기재
1. 문제인식 Problem	**1-1. 창업 아이템의 개발동기** – 창업 아이템의 부재로 불편한 점, 국내외 시장(사회 · 경제 · 기술)의 문제점을 혁신적으로 해결하기 위한 방안 등을 기재 **1-2. 창업 아이템의 목적(필요성)** – 창업 아이템이 구현하고자 하는 목적, 국내외 시장(사회 · 경제 · 기술)의 문제점을 혁신적으로 해결하기 위한 방안 등을 기재
2. 실현가능성 Solution	**2-1. 창업 아이템의 사업화 전략** – 비즈니스 모델(BM), 제품(서비스) 구현 정도, 제작 소요기간 및 제작방법(자체, 외주), 추진일정 등을 기재 **2-2. 창업 아이템의 시장분석 및 경쟁력 확보 방안** – 기능 · 효용 · 성분 · 디자인 · 스타일 등의 측면에서 현재 시장에서의 대체재(경쟁사) 대비 우위요소, 차별화 전략 등을 기재

3. 성장전략 Scale-up	**3-1. 자금소요 및 조달계획** – 자금의 필요성, 금액의 적정성 여부를 판단할 수 있도록 사업비(정부지원금+대응자금(현금))의 사용계획 등을 기재 **3-2. 시장진입 및 성과창출 전략** – 내수시장: 주 소비자층, 시장 진출 전략, 그간 실적 등 – 해외시장: 글로벌 진출 실적, 역량, 수출망 확보계획 등 **3-3. 출구 목표 및 전략** – 투자유치: 엔젤 투자, 벤처캐피털, 크라우드 펀딩 등의 투자처, 향후 투자유치 추진 전략 및 방법 등 – 인수 · 합병(M&A): M&A를 통한 사업 확장 또는 출구 전략에 대한 중 · 장기 전략 – 기업공개(IPO): 기업의 경쟁력 강화, 투자자금 회수 등을 위한 IPO 중 · 장기 전략 – 정부지원금: R&D, 정책자금 등 정부지원금을 통한 자금 확보 전략
4. 팀 구성 Team	**4-1. 대표자 및 팀원의 보유 역량** – 대표자 및 팀원(업무 파트너 포함)이 보유하고 있는 경험, 기술력, 노하우 등 기재 **4-2. 사회적 가치 실천계획** – 양질의 일자리 창출을 위한 중소기업 성과공유제, 비정규직의 정규직화, 근로시간 단축 등 사회적 가치 실천계획을 기재

사업계획서 양식과 내용

항목	세부 항목
☐ 일반 현황	
☐ 창업 아이템 개요(요약)	
1. 문제인식 Problem	
2. 실현가능성 Solution	

3. 성장전략 Scale-up	
4. 팀 구성 Team	

참고 자료

수입원 시뮬레이션
사업 시간대별

수입원: 발매 초기

수수료(커미션, 간접 수입원)

광고 수수료	
이용 수수료	
판매 수수료	
기타 수수료	

제품 판매수익(직접 수입원)

직접 제품 판매수익	
유통 마진(도매/소매)	

콘텐츠 판매(직접 수입원)

PPV(Pay Per View)	
월정액	
프리미엄(기본은 공짜)	
어플에서 아이템 구매	
기 타	

수입원: 발매 중기 이후

수수료(커미션, 간접 수입원)

광고 수수료	
이용 수수료	
판매 수수료	
기타 수수료	

제품 판매수익(직접 수입원)

직접 제품판매 수익	
유통 마진(도매/소매)	

콘텐츠 판매(직접 수입원)

PPV(Pay Per View)	
월정액	
프리미엄(기본은 공짜)	
어플에서 아이템 구매	
기 타	

핵심 자원 찾기

시장 경쟁력을 갖추기 위한 핵심자원을 작성해 보세요.

기술 자원

시스템 기반 구축

서버 호스팅	
클라우드 서버 임대	
자체 자원관리 시스템 구축	
플랫폼 구축	
기타	

신기술 도입 · 자체 R&D 추진

기술 제휴 및 M&A

인적 자원

영업 및 마케팅

마케팅	명
영업	명
마케팅	명
영업	명

기술 확보 및 개발

1. 분야 전문 디자이너	명(예)
	명
	명

경영진 등의 임원

	명
	명
	명

기타

	명
	명

시장 및 지역 자원

브랜딩 · 판촉 · 홍보

1. 블로그 홍보(예)

고객 충성도 확보(신규 및 기존고객 유지)

1. 쿠폰 지급(예)

지역 활용 자원 및 기타

사업비용 구조설계

세 가지 자원 투입비용: 128쪽의 핵심 자원별 금액 기재하기

기술 자원 투입비용

	원
	원
	원
	원
	원
	원
월 총합	연 총합
원	원

인적 자원 투입비용

	원
	원
	원
	원
	원
	원
월 총합	연 총합
원	원

시장 및 지역 자원 투입비용

	원
	원
	원
	원
	원
	원
월 총합	연 총합
원	원

연간 투입비용 합계

창업가의 착각과 대중화를 위한 준비[12]

얼리 어답터에게 충실하라

- 발매 초기, 매출액으로 착각하여 매출증가가 계속 이어질 거라는 판단은 큰 오산이다.
- 시장에서 소비자는 5단계의 유형으로 나타난다.
- 모험심리가 강한 이노베이터(innovator)가 신제품을 무조건적으로 수용하고, 그다음으로 호기심이 많고 항상 앞서간다는 심리를 가진 얼리어답터(early adopter), 얼리 어답터의 뒤를 따르는 초기 다수층(early majority)으로 옮겨가 본격적으로 수요가 늘어난다. 그다음이 남들이 사용하니 나도 한번 사용해 봐야겠다는 후기 다수층(late majority), 마지막으로 기존 제품에 완전 적응

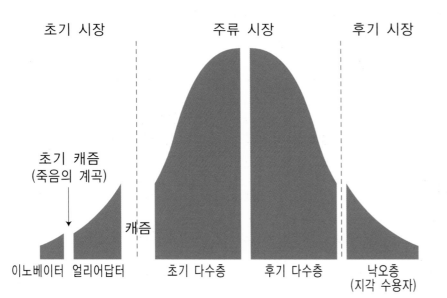

초기 시장   주류 시장   후기 시장

초기 캐즘
(죽음의 계곡)

캐즘

이노베이터 얼리어답터   초기 다수층   후기 다수층   낙오층
(지각 수용자)

- 되어 신제품 사용에 전혀 관심이 없는 낙오층(laggard)으로 발전해 간다.
- 이때 캐즘(Chasm)이 발생되는데, 첨단기술이나 신제품이 시장에 진출했을 때, 초기 시장과 주류 시장 사이에 존재하는 단절을 뜻한다.
- **캐즘을 극복해야 대중화가 되는 것이다.**
- 어떤 제품이든 발매 직후 이노베이터와 얼리어답터층에 의해 판매가 이루어진다.
- 이 5단계를 모두 거치는 상품은 거의 없다. 심한 경우 이노베이터 단계에서 사라지는 상품도 부지기수이며, 얼리어답터 단계 이후로 성장하지 못하는 제품들도 많다.
- 5단계 중 가장 중요한 역할을 하는 층이 얼리어답터다. 얼리어답터층은 이노베이터보다는 늦게 관심을 보이지만, 그 깊이나 관심도는 이노베이터보다 훨씬 적극적이며 파워 블로거와 바이럴 마케팅의 주요 인물이 대부분 얼리 어답터들이다.
- **일부 기업들은 다양한 형태와 이름으로 이 얼리어답터들에게 적극적인 투자와 노력을 기울여 관리하고 있으며, 잘 활용해 성공을 거두고 있다.**
- **이들에게는 사전의 기대치보다 그들이 제공받을 경험치(서비스 품질, 만족도)에 더 집중해야 한다.**

다양한 마케팅 방법

디지털화에 집중

마케팅 방법		특 징
앰부시 마케팅 Ambush Marketing		• 주로 스포츠에서 많이 사용되는 마케팅으로, 공식 스폰서가 따로 있음에도 공식 스폰서인 것처럼 보이게 하는 것 • 스포츠 경기의 공식 스폰서는 경기장에 게시되어 있음에도 선수들의 유니폼이나 신발에 붙어 있는 상표가 더 부각되는 경우
래핑 마케팅 Wrapping Marketing		• 시간과 장소에 구애받지 않고 이동의 장점을 두고 대중에게 노출시키는 마케팅 기법 • 버스나 자가용 몸체에 제품을 부착하거나 그려넣는 방법
노이즈 마케팅 Noise Marketing		• 제품이나 기업과 관련된 이슈를 더 크게 홍보함으로써 소음을 만들어내는 기법 • 그 이슈가 비록 부정적이라 하더라도 사람들의 호기심을 자극해 제품이 각인되어 효과를 볼 수 있으나 이슈에 따라 잘 선택해야 함
버즈 마케팅 Buzz Marketing		• 사람들의 관심을 집중하기 위하여 각종 이벤트나 선전활동을 하는 기법 • 특이한 이벤트를 통하여 미디어나 온라인에 노출을 유도하여 사람들의 흥미를 유발시킴
입소문 마케팅 Word of Mouth Marketing		• 고객이나 기업 관계자들로부터 입에서 입으로 전달되는 구전 기법 • 무료체험 등의 이벤트를 통해 소수 고객에게 접근하여 다수 고객에게 전파되도록 하는 전략
플랫폼 영상 마케팅 Digital Platform Marketing		• 유튜브, 틱톡 등으로 자사 콘텐츠를 게재하는 채널(Owned Media) 혹은 광고집행 채널(Paid Media)을 플랫폼으로 활용하는 기법 • 특정 키워드 하나를 검색해도 검색결과에 수십만의 관련 영상이 노출될 수 있는 장점이 있다. 기업의 공식 채널은 그대로 유지하되 기업의 스토리에 맞는 동영상 콘텐츠를 서브 채널로 같이 운영함으로써 구독자와 조회수를 늘리는 전략
디지털 마케팅 Digital Marketing	바이럴 마케팅 Viral Marketing	• 잠재고객들로 하여금 자발적으로 홍보하도록 유도하는 마케팅 기법 • 신속하게 퍼지도록 만드는 메시지가 가장 중요하며, 짧고 쉬운 메시지여야 고객의 흥미를 유발할 수 있음
	검색 및 인플루언서 마케팅 Search Engine & Influencer Marketing	• 블로그, 인스타그램 등 검색 니즈에 따라 노출되는 타겟팅으로, 다수의 잠재고객을 확보하는 기법 • 단계별 기업의 이미지를 구축할 수 있도록 고객의 평판 작성 및 추천 등의 이벤트를 통하여 마케팅을 진행

COVID-19로 인한 소비행태의 변화

<맥킨지 컨설팅 보고서>

COVID-19로 인하여 디지털화 및 적응 속도는 예측에 비해 약 5년 정도 단축되었다.

영 역	내 용
집	• 집에서 모든 일상생활이 이루어지게 되었다. • 전체적인 소비가 감소했음에도 불구하고 재택 카테고리에 할당된 비율은 증가했다. 사회적으로 고립되는 동안, 소비자가 가정에서 다양한 활동에 참여하려는 순의도가 바뀌어 요리 54%p, 재택 오락 30–40%p, 주택 개량 22%p가 증가했다. 전 세계적으로 비슷한 변화가 나타났다.
쇼핑	• 전반적으로 소비는 계속 감소할 것으로 예상된다. • 향후 2년 동안 미국에서 민간 소비가 12% 감소할 것으로 예상되며, 2023–24년까지만 위기 이전 수준으로 회복될 것으로 예상된다. • 구매 카테고리도 변했는데, 대부분의 사람들이 오프라인 구매를 완전히 중단할 것으로 예상된다. • 많은 시장에서 전자상거래의 급증으로 몇 년에 걸친 성장으로 예측했던 것이 불과 몇 개월 만에 달성되었다.
일	• 재택근무로 인하여 일은 거의 원격 및 디지털로 이루어졌으며, 디지털 협업 도구 사용이 급격히 증가했다. • 온라인 화상미팅을 제공하는 Zoom의 일일 사용자 기반은 3개월 만에 1000만 명에서 2억 명으로 증가했으며, Slack의 유료 고객은 두 배로 늘어났다. 동시에 실업률이 급격하게 증가했다.
건강 및 웰빙	• 공공보건 및 유행병의 길이에 대한 불확실성이 폐쇄 기간 동안 주요 소비자의 관심사가 되었으며, 68%는 매우 또는 극도로 우려한다고 답했다. • 대부분의 소비자에게 셀프케어가 우선 순위 목록에 올랐으며, 여기에서도 e-pharmacy와 e-medicine의 사용이 가속화됨에 따라 디지털이 더 큰 역할을 하고 있다. • 원격 진료에 대한 온라인 검색이 9배 이상 증가했다.
커뮤니케이션 및 정보	• 전반적으로 거의 모든 채널에서 미디어 소비가 증가했다. • 소비자의 43%는 TV를 더 오래 시청하고 있으며, 40%는 소셜미디어를 더 많이 사용하고 있고, 28%는 라디오를 더 오래 듣고 있다. • 온라인 뉴스의 독자층이 39% 증가한 반면, 인쇄 매체의 독자층은 33% 감소하면서 더 악화되었다.

참고문헌

1. 김지영 · 전병훈(2017). 대학의 기업가정신교육이 혁신행동에 미치는 영향: 팀기반학습의 조절효과를 중심으로. 12(6), 99-109. 벤처창업연구.

2. 김진수 외(2016). 소셜벤처 창업하기. 191-197. 도서출판 청람.

3. 김진수 외(2015). 기술창업론, 73-97, 탑북스.

4. 스탠포드 d. school, bootcamp 2013.

5. 빌올렛(2018). 스타트업 바이블, 22-285, 비즈니스북스.

6. 빌올렛(2018). 스타트업 바이블, 22-285, 비즈니스북스.

7. 김진수 외(2016). 소셜벤처 창업하기. 191-197. 도서출판 청람.

8. Joyce, A., & Paquin, R. L. (2016). The triple layered business model canvas: a tool to design more sustainable business models. Journal of Cleaner Production.

9. 이상준 외(2021), ZOOM IN 도시재생 코디네이터용 도시재생 실무론, 237-284, 국토교통부.

10. 빌올렛(2018). 스타트업 바이블, 22-285, 비즈니스북스.

11. 빌올렛(2018). 스타트업 바이블, 22-285, 비즈니스북스.

12. Moore, G. A.(1991). Crossing the chasm: Marketing and selling hign-tech goods to mainstream customer. 유승삼 · 김기원(역)(2002). 캐즘마케팅. 서울: 서울서적.

저자소개 | **김지영**

유한회사 테크시드 대표이사
전, 서울시 영등포구 사회적경제지원센터 센터장
    한성대 창업초빙교수

서강대학교 경영전문대학원(주간) 경영학 석사 및 동국대학교 일반대학원 기술창업학 박사과정을 수료한 후, 경영 및 ERP 컨설턴트로 삼성물산과 공공기관에서 전문컨설턴트로 경영과 경제, 기술창업에 대한 실무 경력을 쌓아왔다. 한성대학교 창업초빙교수, 영등포구 사회적경제지원센터 센터장 등을 역임하고, 창업교육과 컨설팅 및 도시재생경제조직에 대한 연구와 사업을 병행하고 있다. 2021년 국토교통부에서 발행한 《도시재생표준교재》에서 도시재생 경제조직파트의 집필진으로 참여하였다.

주요 논문과 연구로는 〈대학창업교육의 고도화를 위한 창의적 문제해결역량교육에 대한 고찰: 해외의 교육정책 및 사례 분석의 시사점〉, 〈The role of problem solving ability on innovative behavior and opportunity recognition in university students〉, 〈영등포구 공동주택 내 커뮤니티 시설조성에 따른 공유 및 개방에 관한 연구〉 등이 있으며, 〈The Effect of Team Based Learning on Innovative Behavior in Entrepreneurship Education〉 연구는 해외 학회에서 논문상을 수상한 바 있다.

2021년 10월 30일 출간

도시재생 스케일업

윤병훈 · 김지영 · 이명훈 공저
208쪽
16,000원

도시의 가치를 높이는
지역 매니지먼트

고바야시 시게노리 외 공저
이삼수 외 공역
252쪽
18,000원

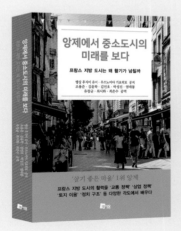

프랑스 지방 도시는
왜 활기가 넘칠까
**앙제에서 중소도시의
미래를 보다**

뱅상 후지이 유미 외 공저
조용준 외 공역
330쪽
15,000원

**도시재생, 현장에서
답을 찾다**

황희연 외 공저
262쪽
28,000원

유후인의 마을 브랜딩 전략

**온천마을에서
마을경영을 배우다**

오사와 다케시 공저
김홍기 역
317쪽
15,000원

커뮤니티를 활성화하는
30가지 아이디어

디자인이 지역을 바꾼다

issue+design project 저
김해창 역
304쪽
20,000원

지역×크리에이티브×일자리

마을이 일자리를 디자인하다

하토리 시게키 외 편저
김홍기 역
230쪽
15,000원

마을만들기 지도자가 갖추어야 할
세 가지 핵심능력

마을만들기 지도자 핸드북

제임스 크릴에 외 공저
고순철 역
280쪽
17,000원